Le prix Goncourt 2013 est attribué à...

Fanny Werte

Le prix Goncourt 2013 est attribué à...

Jean-Luc PETIT Editeur - collection Roman

ISBN 978-2-36541-419-7
EAN 9782365414197

Site officiel : http://www.ecrivain.pro

Fanny Werte

Le prix Goncourt 2013 est attribué à...

Emballement, incompréhension, indignation...
Enthousiasmes, délires, ironies sur twitter.

Comme "prévu", avant le quatorzième tour, le jury restait parfaitement divisé en deux, entre Gallimard et Lagardère, et donc plus le moindre doute ne subsistait sur le camp forcément gagnant, la voix de la présidente devenant automatiquement « *départageante*. » Edmonde Charles-Roux souriait.

Mouvement de révolte, d'ironie, de liberté, Don quichottisme ?

Bernard Pivot, premier couvert, coupable ou héros ?

Même si nul ne l'a officiellement confirmé (ni infirmé !).

Il est bien l'auteur de la petite suggestion iconoclaste « *et si on élisait l'impertinent !* » Bravoure, défi, amusement pensé sans conséquence ? C'est ce qu'il fit...

Le SNE, le puissant syndicat des éditeurs, resté silencieux toute l'après-midi, réagit d'un laconique communiqué avant le journal de 20 heures « Le monde nous observe chaque année : on ne joue pas avec le Prix Goncourt. Le livre proclamé vainqueur, absent de la troisième sélection du mardi 29 octobre, déjà absent de la deuxième sélection du mardi 1er octobre et même de la première du vendredi 6 septembre, ne nous semble pas, qui plus est, remplir les critères d'attribution. Absent des librairies, nos indispensables partenaires de la chaîne du livre, il permet même au site Internet que nous ne nommerons pas, de réaliser un pied de nez à l'ensemble de la profession. Situation dramatique surtout à une période où les députés adaptent la loi à la nouvelle situation créée par les prétentions d'un géant de la vente en ligne, qui ne saurait remplacer les conseils avisés de nos libraires. Nos avocats étudient la question d'un recours. Un nouveau vote semble indispensable, après cette farce. »

Une farce ! Mais il était déjà trop tard : François Busnel, pressentant que le lauréat ne monterait pas à Paris, avait pris de vitesse l'ensemble de ses confrères, et offrait aux téléspectateurs une interview "direct satellite". Elle permit effectivement à Amazon d'annoncer le lendemain des chiffres records de ventes, numérique et papier…

Le prix Goncourt 2013 est attribué à...

Roman

Un roman de longueur hessellienne mais quand tout est dit, il faut savoir placer le point final.

« *On ne me décourage pas facilement de révolutionner la littérature française.* »
Louis-Ferdinand Céline, lettre à Marie Canavaggia

Site officiel : http://www.ecrivaine.com

Fanny Werte

Le prix Goncourt 2013 est attribué à...

Le roman

Gallimard 3 Lagardère 3 et 4 au vainqueur. Edmonde Charles-Roux pouvait manger le chapeau d'Amélie Nothomb, sa voix ne compterait pas double, fiasco. 2013 entre dans l'histoire du Goncourt, quatre membres du Jury se sourient timidement, sûrement encore incrédules d'avoir osé. Quant aux conséquences réelles, nul ne s'aventure à essayer de les deviner...

- Votre première réaction ?
- J'ai sûrement bénéficié du boumerang de la petite phase d'Aurélie Filippetti « *C'est l'éditeur qui fait la littérature* », position de l'état confirmée par la loi-cirque sur les livres prétendus indisponibles du vingtième siècle puis les attaques contre Amazon. J'étais là, au carrefour de l'opposition à ce mouvement lourd d'écrasement des écrivains.
- Ce serait donc un vote politique ?
- Jean-Marc Roberts est mort ! Finalement, peut-être, quatre membres du jury ont apprécié ma réaction à son testament, sa dernière déclaration sur « *cette gauche des nantis qui tient les médias et l'édition.* » J'ai sûrement été le seul à la rapprocher avec l'aveu de Jérôme Garcin à son

sujet « *il n'est pas très fier de la manière dont, chaque automne, il magouille pour que ses auteurs obtiennent des prix.* » J'y gagne un quart d'heure de gloire warholienne et des ventes qui, je l'espère, me permettront de finir ma vie sans perdre de temps avec cette quête du minimum financier, mon quotidien depuis deux décennies.

- L'indignation, l'incompréhension des libraires, vous la comprenez ?

- Les libraires ont depuis si longtemps trahi ce que j'ai appelé le « serment de la librairie », que leurs petites indignations me semblent plus ridicules que crédibles. Ils ont joué le jeu de l'oligarchie, nul doute qu'ils ont les compétences pour devenir de très bons vendeurs d'Ipad ou voitures électriques.

- Mais derrière la fermeture d'une librairie, ce sont des drames humains, ça ne vous touche pas ?

- Les gentils libraires... Vous n'avez visiblement pas éprouvé pareille compassion pour les victimes du passage au numérique de la photo. Combien de boutiques ont fermé à cause des vilains photographes du dimanche qui ne développent plus leurs photos ratées ? Et de toute manière, je vais vous dire, je pense que les éditeurs s'en foutent des petits libraires, sinon, bien avant Internet, ils n'auraient pas accordé des avantages disproportionnés à la grande distribution ! Combien de gentils petits libraires fermés à cause des méchants Fnac, Virgin, Leclerc, Cultura, Carrefour... Non, c'est terminé, Michel-Edouard Leclerc a su faire passer ses magasins du côté des vraies librairies ? Comme Hachette a su devenir un éditeur comme les autres ! Le France contre le monde ! Tout va très bien en France, les méchants ce sont les autres !

- Donc Amazon ne serait qu'une suite logique ?

- La nature a horreur du vide ! L'oligarchie s'était organisée avec les vendeurs pour conserver le maximum possible du prix des livres, en accordant aux petits libraires le minimum vital et aux écrivains le minimum acceptable. En deux décennies, les libraires traditionnels m'ont peut-être vendu une centaine de livres, et encore, tous ne me furent pas payés ! Car avec l'auteur-éditeur, le libraire n'a jamais le temps, donc il doit repasser, repasser, repasser, jusqu'au jour où il comprend qu'il ne sera jamais payé... Amazon est arrivé avec un principe simple : nous sommes des vendeurs, nous mettons à votre service des outils techniques et ne nous payons que sur la marge des ventes de vos livres. Personne ne l'avait fait avant !

- Personne n'avait les moyens de le faire ?

- J'ai expliqué dans un essai qu'un opérateur français peut fournir les 25000 points de vente avec des livres imprimés à la demande... mais qu'ès indépendant, je ne peux naturellement pas entrer dans ce circuit. Je suppose que vous n'avez pas eu le temps de lire tout ce que j'ai écrit dans le train !

- Nul doute qu'un contrat va vous êtes rapidement proposé par l'un de ces grands éditeurs que vous vilipendez...

- On est toujours récupéré, de son vivant ou après ! Astérix en est l'exemple le plus flagrant, finalement tombé dans l'escarcelle Hachette alors qu'Albert Uderzo avait créé en 1979 les éditions Albert René... Nul doute que comme Céline ou Françoise Sagan je pourrais obtenir 18% sur le papier et bien plus en numérique ! Nul doute qu'ils me feront miroiter des revenus dérivés... mais tout simplement, je n'aime pas la manière dont ces gens se servent de la littérature tout en prétendant la servir. Si notre cher Louis Ferdinand avait connu Amazon et l'ebook, je l'imagine difficilement s'abaisser à fréquenter des éditeurs…

- Vous vous situez du côté de Céline, c'est là qu'il faut chercher les clés de votre démarche ?

- Du côté de Céline, ça veut dire quoi ? Aussi infréquentable ?

- Parmi les derniers « grands fous littéraires » ?

- Nous sommes des grands fous mais des fous géniaux, des fous littéraires ! Contrairement à la star de Saint-Germain-des-Prés on ne donne pas son avis sur tout, on ne paye pas à boire aux journalistes pour obtenir des articles, et plus si affinités… Mais tout cela, ce sont des approches de journalistes, y'a ceux qui font les choses et ceux qui veulent trouver le bon plan…

- On pourrait pourtant vous taxer d'opportuniste, avec un tel titre…

- Vous n'avez naturellement lu aucun de mes précédents livres. Je publie depuis 1991, et ce roman semblait destiné à un parcours aussi exceptionnel que les précédents, au mieux quelques centaines de ventes. De nombreuses petites vedettes doivent maintenant s'en vouloir de ne pas avoir eu l'idée d'écrire un livre sous ce titre…

- Ce qui surprend, c'est qu'il s'agit d'un excellent roman !

- Ce qui est quand même rare pour un prix Goncourt, vous voulez dire ?

- Non, pour un texte auto-édité !

- L'auto-édition, c'est la poubelle de l'édition. Tout ce qui n'est pas consacré par une grande maison manque de sève et de saveur ! Bien sûr que l'auto-édition c'est 99% de livres inutiles mais comme l'édition classique c'est 95% de livres inutiles.

- Vous exagérez !

- Quand Philippe Djian le dit dans le magazine *Lire*, c'est naturellement un constat implacable mais qu'un auteur sorti de l'anonymat juste par la folie de quelques vieux messieurs ose le prétendre, c'est inacceptable.

- Philippe Djian n'a jamais tenu de tels propos dans *Lire*.

- Attendez... vous voyez, Amazon fait également correctement son boulot d'imprimeur, ce petit bouquin était jusqu'à hier ma meilleure vente « *comment devenir écrivain ? être écrivain !* » alors : « Marc, enseigne « *l'art de devenir écrivain* », dans un atelier d'écriture. Lucide, il décourage ses étudiants dès le premier cours : « *il fallait un minimum de grâce. On l'avait ou on ne l'avait pas. Lui-même ne l'avait pas.* » Il distingue ceux qui enseignent la littérature et ceux qui la font.

À la question : « *Un écrivain est-il bon parce qu'il travaille ou parce qu'il a du génie ?* », Philippe Djian répond : « *Ça n'existe pas, le génie, en littérature ! Je n'ai jamais rencontré de génie en littérature.* »

À la question : « *Pensez-vous que tout le monde puisse devenir écrivain ?* » Philippe Djian répond : « *En tout cas, tout le monde peut écrire. Je crois que la littérature n'est pas réservée à une élite.* »

À l'objection : « *Certes, mais dans* Incidences *votre personnage principal, Marc, qui est prof dans un atelier d'écriture, dit à une de ses étudiantes : "Je ne peux pas m'engager à faire de vous un écrivain, personne n'a ce pouvoir, il faut la Grâce." C'est quand même contradictoire ?* », Philippe Djian développe : « *Non. On ne peut pas faire de vous un écrivain au sens où moi je l'entends, mais on peut faire de vous un scénariste ou quelqu'un qui publie. La littérature, la vraie, en effet, ne s'enseigne pas. Mais tout le monde peut s'améliorer, à force de travail. En travaillant, on peut écrire, et très bien, à quoi ressemble le bleu du ciel. C'est une question de travail. Ça ne peut pas s'apprendre, mais ça peut s'enseigner. On peut aussi vous enseigner à structurer un récit. C'est ce que nous prouvent tous les jours ces gens qui viennent des Etats-Unis pour nous expliquer comment faire un scénario, comment écrire une série. Il y a des tas de gens qui prennent des cours de dessin, des cours de scénario, et ça fonctionne ! Mais ils n'écriront jamais de la littérature, c'est-à-dire* Ulysse *ou* Guerre et paix. *Donc oui, vous pouvez apprendre à travailler pour faire partie des 95 % des bouquins qui encombrent les librairies. Mais les 5 % qui restent, les vrais écrivains, ceux-là sont hors de portée et personne ne peut, en effet, s'engager à vous transformer en l'un d'eux.»*

Voilà, les « *95 % des bouquins qui encombrent les librairies* », vous en recevez chaque semaine dans vos émissions des auteurs de ces bouquins et l'académie française en est remplie, comme la liste des 60 000 œuvres indisponibles qui vont être numérisées avec l'argent public, pour le bénéfice des éditeurs et des libraires !

- Vous ne pensez pas que ce soit une bonne chose, cette seconde vie des œuvres indisponibles ?
- Et quelles œuvres ! Dans la première liste vous avez dû remarquer la présence de notre grand écrivain national également premier ministre Jean-Marc Ayrault, tout comme les Bernard Tapie, Frédéric Mitterrand, Lionel Jospin, Alain Juppé, Édouard Balladur, Bernard Kouchner, Jean-Michel Baylet... Que de talents littéraires !
- Vous en êtes certain ? Ils ne figurent pas dans cette liste !

- Dans le roman, je m'offre des libertés mais pour ma première interview avec un grand journaliste parisien, j'évite d'avancer des certitudes que ne manqueraient pas de dénoncer les vaillants gardiens du temple de l'édition...

- Vous semblez serein, à peine surpris par cette récompense...

- Quand le téléphone a sonné, j'ai comme à chaque fois hésité à décrocher. Puis j'ai cru à un canular de Blondin. Mais il faut toujours être prêt pour l'imprévisible ! J'ai choisi de vivre ici, ,à la campagne. J'aime cet endroit. Ce choix m'a fermé des portes mais m'en a ouverte d'autres, dont celle de la disponibilité aux choses.

- Votre roman, vos personnages, sont né dans la réalité de cette campagne ou dans votre imagination ?

- Coluche aurait sorti de derrière le figuier un joker ! Vous connaissez suffisamment l'art du roman pour ne pas réellement exiger d'un jeune romancier sa recette ! Je ne suis pas Kader Terns !

Stéphane, je l'ai rencontré pour la première fois en 2002, je m'occupais de « réinsertion sociale », je devais fournir un avis sur tous ces gens autoproclamés artistes mais le plus souvent sans réelle possibilité d'avenir. Je devais surtout justifier leur radiation des listes des demandeurs d'emploi, les inciter à opter pour une route plus réaliste, genre comptabilité ou informatique. Comme si un bureaucrate pouvait juger un créateur !

J'avais déjà publié deux livres chez des éditeurs régionaux. Sous mon nom de naissance. Oui, Fanny Werte c'est un pseudonyme, trouvé du côté de ma grand-mère, comme Céline et Houellebecq. Et contrairement à Stéphane, je ne me suis jamais senti la force d'être indépendante. J'avoue, oui, pour moi, jusqu'à l'arrivée du Kindle, l'auto-édition, c'était, pour être aimable, la quatrième division de la littérature. Longtemps, je l'ai considéré comme un mec en situation d'échec. Au fond, je ne pouvais pas y croire à son discours de liberté, d'intégrité et poing levé contre les installés. Pour moi, c'était simple, il ne se sentait pas du niveau des vrais écrivains.

Puis Amazon est arrivé. Et surtout, sûrement, pour mon dernier livre, j'ai dû accepter des conditions humiliantes, question droits d'auteur. Fin 2012, on s'est croisé au Leclerc de Cahors, ça faisait bien trois ans qu'on ne s'était pas vu. Je n'avais même jamais entendu parler d'Amina. Il devait passer la soirée seul, moi également. On s'est invités. Je suis allé chez lui, ses canards, ses poules, son chien, il devrait les rentrer, ce fut le critère.

Nous avons bu. Trop bu. Du vin de noix en apéritif, l'une des dernières bouteilles de sa mère, vidé le blanc avec le foie gras, le rouge accompagnant le canard et c'est vers 22 heures qu'à mon initiative nous avons évoqué son suicide :

- Tu penses que la *Dépêche du midi* te consacrerait sa une, si tu t'immolais devant le bureau de Martin Malvy ?
- Avec la larme dans l'œil gauche du grand homme, victime de la fumée lacrymale !

Mais immédiatement, il me surprit :
- Je m'en fous de Baylet, Malvy, leurs relations, leur fric, le clientélisme, les clans, ces pantins à genoux pour une subvention, ce que je cherche c'est juste le moyen de vivre de mes écrits. Rien de plus. Même pauvrement. Nettement sous le seuil de pauvreté officiel. Il faut bien bouffer ! Et payer nos contributions sociales. Et comme tu le sais, ici, sans voiture, tout serait impossible. La campagne pour le meilleur et pour le pire des services publics et des infrastructures collectives... Depuis plus d'une décennie, je vis de peu, le plus souvent sous ce seuil de pauvreté. 2013 est financièrement intenable. Ce soutien du *Centre Régional des Lettres* représentait mon unique espoir de tenir. Martin Malvy est mon ennemi, à vie, et même après si j'ai la chance de lui survivre. Vendre ici et quitter la France ? Ce serait possible. Mais j'aime cet endroit, j'aime ce Lot, ce Quercy. C'est ce qui me différencie encore fondamentalement de ces Malvy, qui peuvent prétendre aimer le département mais vivre à Toulouse ou Paris. Un Lot de résidences secondaires. J'ai presque terminé un roman sur le sujet. Comme Stendhal le plaçait dans la postérité, je vais lancer un dernier billet de loterie dans le

monde numérique, en racontant, tout simplement, cette lutte pour vivre debout, cet échec face à ce type incapable d'écrire un vrai livre et jouissant sûrement de tenir les écrivains par la barbichette des bourses.

- Tu me le laisses lire ?
- Il n'est pas terminé…
- Après tout ce qu'on a bu, je ne voudrais pas m'imposer mais je suis incapable de reprendre le volant. Alors, si tu m'autorises à m'allonger sur le canapé, comme en plus je suis plutôt insomniaque depuis quelques mois, je te le rendrai demain matin…

Je ne m'attendais pas à lire l'œuvre du siècle, pensais même n'y subir que d'inutiles attaques contre le président de notre région, alors encore considéré comme un homme correct, pour un homme politique.

Nous avons donc continué à boire. J'avais dans la voiture le champagne prévu pour la Noël avec ma fille et son copain. Mais je suis salariée, je pouvais me permettre de l'ouvrir…

Seize ans qu'il vit dans le Lot, Stéphane. Et pas un article dans *la Dépêche du Midi* ! La raison réelle, je l'ignore. Il y eut même un « la fille aux 200 doudous (anonyme) » quand sa pièce fut jouée du côté d'Agen, sûrement par une troupe qui devait figurer en ces nobles pages ! Comme lui, dans *Liberté, j'ignorais tant de Toi*, je n'ai trouvé que sa chanson anti-THT qui aurait pu leur déplaire. Cette hypothèse signifierait donc que Jean-Michel Baylet, malgré une posture officielle en conformité avec celle de ses électeurs, tenait à cette ligne à très haute tension. Pourtant, son texte restait bien anodin... Mais pourquoi, s'il ne s'agit pas d'un blacklistage, ce roman, pas plus mauvais que ceux de Désiré Janicot ou Colette Brogniart, ne fut jamais présenté ?

Comme toujours, Stéphane a réagi trop énergiquement. *Désolé Baylet, j'aime pas ton torchon*, ne pouvait que le sortir du circuit des dépêchables. Surtout quand elle fut référencée en première page lors d'une recherche sur le nom du Président du PRG... Etonnant, quand même, auteur d'une centaine de livres, de chansons, et pourtant rien, comme s'il n'existait pas... et il n'existait pas, encore en décembre 2012, pour « le grand public » de la région... Maintenant, je suis certain qu'il ne va pas se priver d'un pavé sur les Malvy, Baylet, Miquel, Amigues et compagnies. Ils sont du mauvais côté de l'histoire. Sauf s'ils réussissent à le recatapulter tel un méchant Céline dans une poubelle... c'est possible, faut qu'il fasse gaffe, dans ses analyses, surtout politiques. Sur le monde de l'édition, après ce "couronnement", il peut presque tout se permettre. Mais les élections municipales, régionales et départementales, ou territoriales si François préfère, saura-t-il ne pas jeter de l'huile sur le feu... Pas évident d'expliquer qu'entre un candidat de Jean-Michel Baylet, surtout une candidate genre Pinel et l'inconnu ou la blonde sorti du bois FN, il comprend que des électeurs, surtout de gauche, hésitent...

J'ai cinquante ans. Il ne s'est rien passé, sexuellement, ce soir-là, comme les suivants. Je connaissais "son goût" pour les femmes plus jeunes. Je connaissais surtout ses grandes périodes de solitude. C'est surement cette expérience d'une difficulté avec nos contemporains qui nous a rapprochés, vers l'amitié. Ni lui ni moi n'avons jamais cru en ce sentiment. Il a eu la délicatesse de ne pas ajouter, « sauf quand la femme est plus âgée. » Pourtant, j'aurais été d'accord. Qu'est-ce qui me prend ! Est-ce les dernières pages de son roman qui m'entraînent vers cette illusion. Oh, je ne pense pas qu'une vie sous le même toit serait possible, ni souhaitable. Mais un peu de bons moments ! Je sombre en carlolite aigüe ?

Bref, cette nuit-là, j'ai lu « le roman de la Révolution Numérique », déjà la trois ou quatrième version, pourtant toujours bancale, comme il me le concéda par sa question du matin où figurait ce terme.

- Oui, c'est le mot que je n'aurais sûrement pas trouvé. Il manque quelque chose, comme si un peu de votre passé te retenait dans la peinture d'Amina. Même en réalité, elle devait être pire que cela...

Les dix jurés du prix Goncourt. Ils n'ont pas peur du ridicule avec leur présentation derrière un couvert.

1er couvert : Bernard Pivot

2eme couvert : Edmonde Charles-Roux

3eme couvert : Didier Decoin

4eme couvert : Paule Constant

5eme couvert : Patrick Rambaud

6eme couvert : Tahar Ben Jelloun

7eme couvert : Régis Debray

8eme couvert : Françoise Chandernagor

9eme couvert : Philippe Claudel

10eme couvert : Pierre Assouline.

Trois femmes, notre sexe me semblait moins bien représenté.

Il vivait dans un tel dénuement, pour rester aimable, que depuis j'ai apporté à chacune de mes visites un repas décent. Ça me semble tellement irréel et drôle qu'en 24 heures de médiatisation il ait gagné plus qu'en une année d'innombrables publications. Je l'imagine bien comme Céline en convertir 90% en or pour le jour où il devra fuir... Il commence à m'inquiéter, avec ses fables sur le chaos probable de notre pays, que ce soit l'uranium répandu sur le Quercy par l'explosion de Golfech ou un mai 2017 exponentiellement plus inquiétant que la catastrophe jospinienne... Il me semble vivre dans une lucidité similaire aux tonitruants enfers prédis par Louis-Ferdinand. J'ai certes des difficultés à projeter le pays au-delà de quelques mois... Tout peut basculer... Il suffit d'une étincelle, un prétexte...

La première sélection pour ce prix Goncourt, nous l'avions commentée. C'était donc début septembre. À mon arrivée, la page ouverte de son ordinateur affichait cette liste. Forcément ! Il espérait devenir le premier auteur vraiment indépendant retenu par le prix Goncourt ! Marc-Édouard Nabe ne lui a jamais semblé relever réellement de cette démarche…

Jean-Daniel Baltassat, *Le divan de Staline*, Seuil
David Bosc, *La claire fontaine*, Verdier
Sorj Chalandon, *Le quatrième mur*, Grasset
Marie Darrieussecq, *Il faut beaucoup aimer les hommes*, POL
Sylvie Germain, *Petites scènes capitales*, Albin Michel
Pierre Jourde, *La première pierre*, Gallimard
Pierre Lemaître, *Au revoir là-haut*, Albin Michel
Yann Moix, *Naissance*, Grasset
Boris Razon, *Palladium*, Stock
Thomas B Reverdy, *Les Evaporés*, Flammarion
Laurent Seksik, *Le cas Eduard Einstein*, Flammarion
Chantal Thomas, *L'échange des princesses*, Seuil
Jean-Philippe Toussaint, *Nue*, Minuit
Karine Tuil, *L'invention de nos vies*, Grasset
Frédéric Verger, *Arden*, Gallimard.

Il me montrait un extrait de *La littérature sans estomac*, du goncourable Pierre Jourde : « *Certains organes littéraires ont une responsabilité dans la médiocrité de la production littéraire contemporaine. On pourrait attendre des critiques et des journalistes qu'ils tentent, sinon de dénoncer la fabrication d'ersatz d'écrivains, du moins de défendre de vrais auteurs. Non que cela n'arrive pas.*

Mais la critique de bonne foi est noyée dans le flot de la critique de complaisance. On connaît cette spécialité française, qui continue à étonner la probité anglosaxonne : ceux qui parlent des livres sont aussi ceux qui les écrivent et qui les publient. » Après avoir promené en bandoulière ce pamphlet durant des années, ajoutant qu'il l'avait blacklisté, cette signature chez Gallimard et sélection suprême peut prêter à sourire. Stéphane m'ajouta « tu vois, on peut dégommer le système et un jour en devenir une tête de gondole, si c'est vraiment ce que l'on souhaite... Je ne pensais pas le retrouver chez Gallimard, il peut certes considérer cela comme une consécration, « le plus grand éditeur » et blabla, pourtant ce n'est pas cohérent. » J'avais ajouté « Qui refuserait de publier chez Gallimard ! » Il m'avait regardé avec une certaine exaspération... oui, j'accepterais de publier chez Gallimard, encore aujourd'hui... en écrivant ce texte, je me protège derrière un pseudonyme pour ne pas me griller chez les installés...

Et google nous affichait "les dernières pierre", l'un de ses vieux textes de chansons, mis en musique par un lotois vers l'an 2000 et toujours jamais vraiment chanté...

Il projetait d'écrire sur ce Goncourt 2013, avait débuté un petit classement :

4 Lagardère : Sorj Chalando (Grasset), Boris Razon (Stock), Yann Moix (Grasset), Karine Tuil (Grasset)

5 Gallimard : Pierre Jourde, Frédéric Verger, Thomas B Reverdy (Flammarion), Laurent Seksik (Flammarion), Marie Darrieussecq (POL)

2 Seuil : Jean-Daniel Baltassat, Chantal Thomas.

2 Albin Michel : Sylvie Germain, Pierre Lemaître.

Soit quatre groupes dirigés par des hommes présents dans les 500 premières fortunes de France : Arnaud Lagardère, Antoine Gallimard, Hervé de La Martinière, Francis Esménard.
On pourrait s'étonner qu'*Editis*, deuxième groupe d'édition en France (suivant le chiffre d'affaires) ne soit pas représenté...

Il faut bien montrer qu'on est une grande famille, dans l'édition, tous unis. Cette année, ont gagné un peu de visibilité, les « indépendants » : *Minuit* et *Verdier*.
Indépendants est naturellement un abus de langage de la profession : *Minuit* diffusé par *Volumen* (*Le Seuil*... donc *La Martinière*) et *Verdier* distribué par *Sodis* (*Gallimard*).

Minuit, l'éditeur de Samuel Beckett et Alain Robbe-Grillet... peut-être un discret hommage au cinquantenaire de la parution de "*Les gommes*", son premier roman. Chez ces gens-là on doit aimer ce genre de signe. Bref, cette liste peut être résumée à l'édition contrôlée par le grand capitalisme paternel français. Les membres du jury sont-ils taillés pour oser s'y opposer, les défier et finalement offrir le prix au plus impertinent et cohérent des agitateurs en auto-édition ?

Tous publient. Ce qui devrait poser une question de déontologie. Mais enfin, qui dans ce pays ne publie pas, ou ne souhaite pas publier ? On ne peut quand même pas tirer au sort chaque année dix lecteurs !

Edmonde Charles-Roux, la présidente, née le 17 avril 1920, Prix Goncourt 1966 avec "*Oublier Palerme*", publié chez Grasset.

Patrick Rambaud, né le 21 avril 1946, Prix Goncourt 1997, *La Bataille*, Grasset.

Philippe Claudel, le petit jeune du cénacle, né le 2 février 1962, seulement « Prix Goncourt des lycéens » en 2007 avec *Le Rapport de Brodeck*, Stock.

Lagardère : trois.

Paule Constant, née le 25 janvier 1944, Goncourt 1998, *Confidence pour confidence*, Gallimard.

Gallimard n'a "pas réussi" à placer d'autres lauréats dans cette vénérable assemblée ! Mais il édite :
- Régis Debray, né le 2 septembre 1940 (en 2013 : *Modernes Catacombes*, chez Gallimard, et *Le Bel-âge*, chez Flammarion)
- Pierre Assouline, né le 17 avril 1953 (*Une question d'orgueil*, chez Gallimard en 2012).

Gallimard : trois.

Tahar Ben Jelloun né le 1er décembre 1944, prix Goncourt 1987, *La Nuit sacrée*, Seuil.

Didier Decoin né le 13 mars 1945, prix Goncourt 1977 avec *John l'enfer*, Seuil.

Seuil : deux.

Bernard Pivot né en 1935, publie chez Albin Michel (*Les Tweets sont des chats* en 2013).

Françoise Chandernagor, née le 19 juin 1945 , publie chez Albin Michel (2012 : *Les Dames de Rome*).

Albin Michel : deux.

Quelle coïncidence ! On "retrouve" ainsi les quatre groupes dirigés par les hommes présents dans les 500 premières fortunes de France !
Editis n'avait qu'à bien miser ?
Comme si chacun avait apporté des poulains de son écurie. Mais les tractations sont donc inévitables, nul ne possède la majorité. Qui sont ces quatre traîtres à la cause de l'oligarchie ? Dans un combat Gallimard – Lagardère, il serait "logique" d'imaginer les trois voix finales restées fidèle à leur camp, alors que celles d'obédience Albin Michel et Seuil se seraient reportées sur Ternoise. Nous le saurons sûrement un jour dans des mémoires posthumes…

- Je vais écrire un livre sur toi, si tu veux bien le publier en me jurant de ne jamais dévoiler mon identité...

C'était fin septembre, quand « *le roman de la révolution numérique* » semblait destiné à ne pas dépasser les ventes de « *viré, viré, viré, même viré du rmi.* »

- Si ça t'amuse ! Je suis déjà un « non écrivain selon Martin Malvy traduit en anglais, allemand, italien, espagnol », je peux bien devenir un auteur inconnu biographié...
- Ce ne sera pas vraiment une biographie... même si le livre ne te plaît pas, tu me promets de ne pas en modifier une virgule ?
- C'est donc un grand honneur qu'après avoir consacré des années à Céline, tu t'attaques à moi !

Il m'a téléchargé ses cinq premiers romans et ses vingt pièces de théâtre sur ma clé USB. Quand on s'était connu, je lui avais acheté « *liberté, j'ignorais tant de Toi* » au salon du livre de Gaillac, où l'on s'était, oh quelle surprise, retrouvés (il n'a jamais su y avoir été invité à ma demande) mais comme il ne m'avait pas rendu la politesse, les suivants je m'étais contenté d'en lire la quatrième de couverture... Dans mon monde, j'avais des difficultés à concevoir la vie d'un auteur voulant vivre de ses ventes ! Nous, nous « les édités », avions tous un boulot dont nous évitions de parler, sauf les joyeux retraités, ça va de soit !

Comment participer aux prix décernés par l'Académie Goncourt

Pour participer au Prix Goncourt, il faut être français ou écrire en français et être publié par un éditeur national. L'éditeur, seul, enverra les livres aux membres du jury.

Les livres seront ceux de la rentrée précédant l'attribution du Prix Goncourt début novembre et seront envoyés à partir de fin juin et jusqu'à fin août.

Je n'aurais jamais cru qu'il avait osé envoyer son roman. Pourtant, il a bien respecté le règlement, même s'il s'agit donc d'une version toujours intermédiaire, celle mise en vente le 18 juin ayant été fort heureusement revue. C'est donc bien avec un livre qu'à peine dix personnes auront acheté qu'il a été consacré ! Que s'est-il passé entre le 18 juin et début septembre pour qu'il parvienne, de la version 3 à 4 dans mes lectures, à une telle transformation ? Mes critiques ? Puis-je m'accorder une part dans l'œuvre qu'est devenu ce roman de la Révolution Numérique ? Pourtant, ces dix éminentes personnes ont lu (peut-être !) un texte que je n'aimais "pas vraiment." Bancal, oui.

Le sermon sur la chute de Rome ! Mais bien sûr ! Ni Stéphane ni moi n'avions pu retrouver le nom du lauréat 2012. De Jérôme Ferrari. Qui a demandé s'il s'agit du frère de Laurence ? Stéphane n'a plus de télévision depuis 1993... Un roman sûrement à lire, publié par *Actes Sud*. Je m'étais laissé aller à ouvrir le premier trophée de la maison arlésienne, Laurent Gaudé, et son imbuvable *Soleil des Scorta...*

Un prix Goncourt, ça se vend... ça s'offre...

Prix Goncourt 2013 : Stéphane Ternoise, encore plus énorme que Président de la France 2012 – 2017 : François Hollande. Qu'en pensez-vous, monsieur Laurent Fabius ?

Tout se joue vraiment à presque rien. Il faut sûrement faire les choses, insister, et un jour, l'improbable devient réalité. Même Jacques Chirac est entré à l'Élysée ! Les plus jeunes ne pourront pas comprendre ce genre de remarque… l'histoire est sans vraie mémoire et il suffit d'obtenir un succès pour réécrire le passé…

Maintenant, il pourrait signer dans *le Monde*, *le Nouvel Obs*, *le Figaro*… Pourquoi lui et pas moi doivent s'indigner des milliers d'utilisateurs de la plateforme d'autopublication d'Amazon !… Je sais, Stéphane m'a expliqué : il n'est pas un produit KDP ! Il est distribué, en numérique, par *Immateriel* et *Createspace*, filiale d'*Amazon*, imprime ses bouquins… C'est également un jour de gloire pour Xavier Cazin (« *il le mérite, il a cru en un vrai travail de distribution des livres numériques quand la distribution historique, du papier, consistait à contrôler l'édition…* »)
Tout ça est un peu compliqué pour moi. Je ne peux même pas utiliser l'excuse de l'âge, il n'est pas tellement plus jeune que moi, le Stéphane ! Mais qu'ai-je fait durant ces vingt dernières années ? Un boulot alimentaire en semaines et l'écriture durant les week-ends et congés, pour des droits d'auteur dérisoires, mais la satisfaction d'être du milieu de l'édition. Ai-je eu tort ? On m'a fait croire que l'édition c'était des éditeurs, des libraires… et comme les autres je me réveille avec un Ternoise prix Goncourt 2013 ; oui, c'est une gifle. Nous aurait-on manipulés ? Oh,

nous ne les avons jamais aimés, les éditeurs, les libraires, qui savent si bien profiter de notre vanité pour nous exploiter, utiliser...

Comme l'ont narré Alain Beuve-Méry et Christine Rousseau dans *Le Monde*, au Salon du livre de Paris 2010, nous fument nombreuses à porter le pin's « *Je cherche un éditeur, mais je ne couche pas* ». Humour du désespoir ; dans mes mémoires, j'égrainerai la liste des éditeurs et journalistes auxquels mon corps fut offert ; et la récompense, l'édition ou l'article, n'a pas toujours suivi ; j'ai eu moi aussi 27 ans... Mais tout cela, c'est normal, c'est l'édition, le prix à payer, pour accéder au rêve possible, vendre 300 000 bouquins ; mes meilleurs ventes officielles ne dépassent pas 7500 ; énorme, par rapport à un Stéphane d'avant le Goncourt, avec ces chiffres il aurait vécu décemment, et je n'ai jamais eu les moyens d'arrêter ce boulot à la con de réinsertion sociale d'artistes... j'étais un exemple pour eux ! La femme éditée chez de grands éditeurs... Stéphane me l'a avoué « tu n'as jamais été un exemple ! personne ne pouvait vouloir d'un parcours comme le tien, devoir bosser alors que ses livres génèrent un chiffre d'affaires suffisant pour en vivre ; pourtant si, des gens sont à genoux dans l'attente d'un strapontin de ce genre... »

On est toujours le pigeon d'une oligarchie, voilà que je me mets à employer ce mot clé de Stéphane. Anti-oligarchie... comme Céline fut antisémite ? Céline s'est simplement trompé de cible, « tout le reste » était vrai : il avait compris nos embrigadements. Mais non, même si un miroir déformant pouvait lui renvoyer l'image d'une nomenklatura juive, elle était déjà d'une autre couleur, la couleur de la domination.

- Vous avez lu cette Fanny Werte ?
- Les extraits de son ecrivain point com m'on suffi ! Une anarchiste ! D'ailleurs elle fréquente le Ternoise...

Patrick Chamoiseau
Texaco

Amin Maalouf
Le Rocher de Tanios

Didier van Cauwelaert
Un aller simple

Andreï Makine
Le Testament français

Pascale Roze
Le Chasseur Zéro

Jacques-Pierre Amette
La Maîtresse de Brecht

François Weyergans
Trois jours chez ma mère

Gilles Leroy
Alabama song

Atiq Rahimi
Syngué sabour. Pierre de patience

Marie NDiaye
Trois femmes puissantes

Alexis Jenni
L'Art français de la guerre

Michel Houellebecq,
La carte et le territoire

Même Michel Houellebecq, il ne s'agit pas de son meilleur roman. Mais dans cette liste, il semble bien l'unique écrivain à sauver. Ce n'est même pas que le Goncourt passe à côté des bons livres... l'édition française, la société française, est sûrement organisée pour interdire tout œuvre du genre Céline ou Proust. Il faut également vivre, pour écrire. Que vivons-nous en comparaison d'un Louis-Ferdinand ? Une société de protégés, certes, nul ne peut regretter 14-18 et 39-45 ; mais peut-être que ces quatre insoumis ne s'y sont pas trompés : Stéphane a mené l'un des rares combats possibles de notre époque, en choisissant de vivre à la campagne et loin de toute coterie.

Son triomphe risque pourtant d'être bien éphémère : sans le moindre soutien et sans position forte dans les médias, de laquelle il pourrait renvoyer l'ascenseur.

Devrai-je lui conseiller d'accepter une tribune dans un grand journal ? Il m'enverrait balader ! Va-t-il vivre comme il le prévoit, continuer, vivre de peu, écrire, auprès de ses figuiers, pommiers, canards et poules ?

Peu importe si certain(e)s se reconnaissent dans nos textes, nous en veulent parfois. Le plus souvent d'ailleurs ils se trompent en pensant avoir été entièrement capables de nous inspirer un personnage ! *« Si on met les gens vrais dans les livres qu'on écrit, ce n'est pas par méchanceté ou par perversité, c'est pour atteindre une vérité générale. »* Selon Marcel Proust.

Moi également, il m'a incorporé dans ses livres, je me suis reconnu, dans sa pièce de théâtre « écrivains régionaux. »

Christophe : - Mais s'il était romancier, ça se saurait.

Martine : - Je suis quand même allée jusqu'à la page 52 de son premier roman... Vous pourriez m'applaudir !

Christophe : - T'as quand même pas acheté son bouquin !... Alors que tu n'achètes jamais les miens !

Martine : - Bin si !... Mais sans illusion littéraire... Je suis naïve peut-être, je pensais qu'en contrepartie il parlerait de moi sur internet.

Christophe : - Et il a encaissé ton blé, en liquide forcément, je connais l'oiseau. Et sur ses sites il ne parle que de lui, veut se faire passer pour un vrai écrivain.

Martine : - Ecrivain multi-facettes !

Christophe : - Fossettes on dit, multi-fossettes (*personne ne prêtant attention à sa remarque, il laisse échapper une moue de déception*).

Paul : - En fait, il s'essaye un peu à tout, après la poésie, les nouvelles, la chanson, je n'ose dire, vu le niveau, le roman, et monsieur nous annonce ses ambitions théâtrales ! Il est plus à plaindre qu'à moquer ! Ça doit être terrible, d'être nul en tout !

Martine : - Tu devrais être critique littéraire !

Paul : - Je l'ai été... Dans ma jeunesse... Après avoir arrêté l'enseignement. Mais j'en ai eu vite marre d'écrire de bons articles sur de mauvais livres.

Christophe : - Comme Martine avec l'autre, tu espérais le renvoi d'ascenseur !

Martine : - C'est notre maladie ça, on rêve !

Christophe : - Moi j'ai compris depuis longtemps : j'ai aussi aidé les copains mais à chaque fois je passais pour un con. C'est triste mais c'est chacun pour soi dans ce milieu ! On est des loups !

Martine : - On le sait Christophe, que tu as pompé trois sites internet pour écrire ton dernier livre et maintenant tu passes pour un spécialiste du loup ! Encore un effort et tu seras invité à la télé ! Prépare ton déguisement !

Christophe : - Je ne dirai plus rien. A chaque fois que je fais une confidence, ça me retombe sur le coin de la gueule ! Mais merde, au prix où je suis payé, je ne vais quand même pas partir quinze jours en Autriche observer des loups ! Et puis merde ! Tout le monde fait comme ça dans le livre documentaire ! Surtout pour enfants ! Y'a pas que l'autre cinglé qui sache utiliser internet !

Je sais bien qu'il y a un peu de moi dans cette Martine, et un peu de Colette, assurément ! Même pour Christophe, il a puisé dans mon stock de confidences...

« *Comprendre le monde dans lequel nous vivons : cette ambition démesurée me semble indispensable à l'écrivain lancé dans l'art du roman contemporain. Une œuvre doit englober son époque, en la saisissant par les poignées essentielles. Ainsi, ici et maintenant : la mainmise des oligarchies, même parvenues à guider les élus de tous bords (et plus si affinités), la culture sacrifiée sur l'autel des distractions, les complicités inconscientes (comme ces discours des bibliothécaires sur le soutien à « la chaîne du livre »), les impasses religieuses, le saccage des campagnes, les violences et malgré tout des quêtes de sens, individuelles.*

Comme la photo, le livre deviendra numérique. Un support plus pratique, moins cher, générant moins de gâchis (cent millions de livres en papier détruits chaque année rien qu'en France). Ce qui n'interdira nullement d'imprimer les textes les plus délicieux ou pour une utilisation particulière. Le papier s'accapare des ressources très précieuses, engendre des coûts excessifs, d'immenses pollutions, afin de permettre le passage des mots de l'écrivain aux lectrices et lecteurs ; il nécessite même dans l'organisation française de nombreux intermédiaires, dont les « éditeurs traditionnels », au rôle littéraire peut-être inutile et les « librairies traditionnelles » pourtant peu adaptées au commerce du livre en papier ! (combien de bouquins disponibles dans leurs mètres carrés ? la production récente des "mastodontes de l'édition" et des classiques, bizarrement passés par les mêmes incontournables, maisons majoritairement contrôlées par des grandes fortunes du pays) »

Oui, tu as raison Stéphane. Nous aurions "tous" pu l'écrire…

Emmanuel Todd résumait en 2012 : « *la vérité de cette période n'est pas que l'État est impuissant, mais qu'il est au service de l'oligarchie.* »
Pourtant Emmanuel Todd publie dans l'oligarchie, comme José Bové. Oui, ils ne sont pas fous, ceux qui t'ont récompensé, la cohérence de ta démarche nous dépasse de quelques kilomètres. Mais tu es un homme seul, forcément seul, sans réseau...

Eric Naulleau : « *c'est un milieu incestueux, vous allez avoir toutes les formes de copinage possible et c'est vraiment le règne du réseau, hors le réseau pas de salut. Vous avez des tas d'auteurs dont l'existence ne tient qu'à leur réseau.* »

Dédié Jack-Alain Léger…

- Je dédie ce Goncourt à Jack-Alain Léger, qui s'est trompé en continuant d'essayer de séduire les éditeurs plutôt que de plonger dans l'indépendance… il a plongé dans le vide…

Jack-Alain Léger m'était totalement inconnu. Pourtant j'étais née, comme me le fit remarquer avec élégance Stéphane, lors de son entrée "fracassante" dans le monde des lettres, en 1976, avec *"Monsignore"*, trois cent mille exemplaires sortis de chez Robert Laffont, adaptation au cinéma, traduction en vingt-trois langues… mais plutôt que de passer quelques décennies au nirvana de Saint-Germain-des-Prés, plus dure fut la chute, au point de publier en 1997 « *Ma vie (titre provisoire)* », un véritable réquisitoire, qui en toute logique aurait dû l'amener à rompre avec ce milieu… mais non, il cherchait à chaque livre un éditeur…

Néanmoins, ou ironie des publications, au même moment, il réussissait une nouvelle percée, sous le pseudonyme masqué de Paul Smaïl, avec un nouveau best-seller *"Vivre me tue"*. Le « *témoignage d'un jeune beur* » publié chez Balland était donc fictif.

Je peux confirmer la description de *"Ma vie (titre provisoire)"* :

« *J'ai su alors ce que peut nourrir de haine à l'endroit d'un écrivain uniquement écrivain la pègre des gens de lettres dont Balzac a si exactement dépeint les mœurs dans* Illusions perdues, *mœurs qui n'ont pas changé, si ce n'est en pire : vénalité, futilité, servilité.*

J'avais perdu mes dernières illusions sur ce milieu dont

les pratiques ressemblent tant à celles du Milieu : parasitages de la production, chantages à la protection, intimidations, etc. Publication de livres que l'éditeur juge médiocres ou invendables mais qu'il surpaie à des auteurs disposant d'un pouvoir quelconque dans les médias... (...) Fabrication par des nègres et des plagiaires d'une fausse littérature qui, comme la mauvaise monnaie, chasse la bonne... Calomnies et passages à tabac pour les rares francs-tireurs. « Nous avons les moyens de vous faire taire définitivement !» me dit, sans rire, un critique, par ailleurs employé d'une maison d'édition et juré de plusieurs prix littéraires auquel j'ai eu le malheur de déplaire. Je n'étais d'aucune coterie, détestant ces douteuses solidarités fondées sur des affinités sexuelles, politiques ou alcooliques, voir une simple promiscuité au marbre d'un journal ou à la table ovale d'un comité de lecture ; j'étais puni. On me faisait payer cher de n'avoir jamais eu de « parrain».»

En mars 2013, Stéphane, oh surprenant hasard, a entendu sur *France-Inter*, qu'il n'écoute quasiment plus, uniquement en voiture quand il la capte, une rediffusion d'une émission de février 2012, où François Busnel recevait ce Jack-Alain Léger, alors 65 ans, une quarantaine de livres au compteur et *« dans une grande période de dépression.»*

Oui, ça doit être difficile, quand on a publié chez Christian Bourgois, Flammarion, Grasset, Laffont, Julliard, Gallimard, Mercure de France, Denoël, Stock, de défendre "*Zanzaro circus*" sorti chez "*L'Éditeur*", maison née en janvier 2011 *« à l'initiative d'Olivier Bardolle »* avec *« un bon accueil, ça devrait suffire mais ça ne suffit pas... je ne retrouve pas l'élan qui me fait écrire.»* Un livre peu distribué, l'homme de "*la grande librairie*" semblant très modérément apprécier la conclusion de l'auteur renvoyant à Amazon... où les deux cents pages sont vendues 15 euros 20 pour un prix public à 16 euros. Aucune version numérique.

L'impression qu'il y ratiocinait une énième fois ses déboires « *itinéraire d'un écrivain qui n'a plus d'éditeur, histoire d'un rocker révolté underground qui n'a plus de label...* »

En avril, Stéphane le découvrait dans la première base "*Relire*" des "*indisponibles*" dont les éditeurs vont pouvoir récupérer sans signature des auteurs les droits numériques qui appartiennent pourtant à ces auteurs qui doivent réagir sous six mois pour éviter l'engrenage... Grand cadeau des parlementaires. Il publiait alors un court texte "*Alertez Jack-Alain Léger !*", en partant d'un parallèle entre le cri "*Alertez les bébés !*" de Jacques Higelin, son album de 1976 avec le succulent, inoubliable et toujours actuel "*Aujourd'hui la crise !*" et le "*Monsignore*" indisponible et sur lequel le fric à se faire semble correct, avec des miettes que l'écrivain sera prié de réclamer à la Sofia...

Jack-Alain Léger est ainsi devenu "un personnage" de ses essais et romans. Le 17 juillet, via twitter, maître Pierrat l'informait du suicide de l'écrivain en lutte…

Emmanuel Pierrat @EmmanuelPierrat   17 Juil
@ternoise je sors du commissariat et irai a la morgue demain : Jack-Alain Léger, dont j'étais le tuteur. s'est défenestré. Je le pleure.
Réduire   ← Répondre t⊐ Retweeté ★ Favori ••• Plus

6
RETWEETS

6:26 PM - 17 Juil. 13 · Détails

Catapulté spécialiste de Jack-Alain Léger. Mais nul ne s'intéresserait pourtant à son alerte…

« *Suis-je capable d'écrire le livre de la Révolution numérique ? Le témoignage, l'analyse, qui passera au-dessus des têtes des installés pour toucher le grand public ?...* »

Hé bien oui, Stéphane ! Et reconnais que je fus la première à te répondre « là oui, je ne sais pas vraiment ce que tu as modifié, l'histoire reste la même, pourtant ça fonctionne... »

- Lire, écrire et faire l'amour. Et le corps a besoin de dormir, manger et marcher ! La vie idéale selon moi, elle se résume à ça ! Amina ne comprend pas ! Quand je suis tombé sur un passage de Bernard-Henri Lévy avec une motivation identique dans sa correspondance avec Houellebecq, je lui ai montré. Elle a considéré cette approche absurde ! Lire oui ! Mais il lui faut du mouvement, se rendre utile, voir ses "amis", s'occuper de son fils, des enfants des autres... Mais tu vois, le "lire", elle le comprend ! Quoique, plus je l'observe et plus je me rends compte qu'elle n'aime pas vraiment lire ! Elle aime se distraire en lisant, se reposer en lisant. J'ai de plus en plus l'impression qu'elle cherche dans la lecture à ne plus penser, ou à penser à autre chose. Elle me rappelle Gwenaëlle, qui m'avait expliqué sa relation de simple distraction à la lecture pourtant intensive. Elle lit pour l'histoire. Pour se divertir. Pas pour approfondir une pensée ou un style. J'ignore où se situe Nadège dans tout ça. Tu vois, le « j'aime lire » peut regrouper des approches très divergentes.

Lire, écrire et faire l'amour. J'ai cinquante ans, l'envie de faire l'amour me vient de plus en plus rarement. Voilà, c'est cette vie-là que j'aurais voulu vivre, de 25 à 50 ans, et je suis passé à côté, comme sont sûrement passés à côté les dix vénérables... Un livre doit également donner des pistes pour vivre mieux. Mais il faut bien bouffer, oui.

En plus, il sait être drôle, le bougre !

Je sais maintenant qu'il envoya son bras droit chez l'écrivain public qui venait de s'installer boulevard du Général De Gaulle à Aubervilliers, pour obtenir ce texte, expédié sur une adresse mail puis copié collé en remplaçant "Émile Zola" par "Kader Terns" et "l'argent" par "la vraie vie dans le 9-3."

« - Tu comprends, fallait pas que ce mec sache que moi Kader je cherchais un nègre ! Alors on a pris un nom au hasard dans la boutique Kindle, tu vois, on n'a pas fait d'études mais on connaît la vie ! Là, je suis sûr que tu n'y aurais jamais pensé ! Il ne faut jamais laisser de trace. Ni risquer de se faire remarquer lors d'un repérage.
- J'aurais aimé voir la tête de cet écrivain public !
- Un louf ! Un naze ! Il voulait rien comprendre. Farid a dû lui poser cent euros sur la table et lui expliquer trois fois le topo. Il ne comprenait rien ! »
Je n'avais pas jugé indispensable de l'informer de l'année de naissance de l'auteur des Rougon-Macquart.

Ce passage, il est génial ! Les critiques encenseraient même plus s'il s'agissait d'Amélie Nothomb. C'est devant de telles fulgurances là sa démarche me renvoie à mes incohérences. Oui, il n'aurait pas été capable d'écrire aussi « simplement et précisément » avant. Nous avons couru et il nous observait, il s'observait, il cherchait…

Député, touche pas aux frais de port Amazon livres...

Je ne suis pas certain que les dix notables aient eu connaissance de la parution de ce pamphlet... Même avec ce titre, il n'a pas réussi à embraser la toile, si l'on excepte une page du « droit du cerf » sur facebook.

Une vraie librairie, c'est un endroit où tous les livres sont disponibles, et pas seulement ceux de l'oligarchie http://www.librairie.mobi/alaune.html Editeurs, lectrices, lecteurs, mobilisez-vous contre ces députés liés à l'oligarchie des éditeurs traditionnels...

Mais l'indifférence.
Une Manon avait réagi quand il a partagé sa page sur le forum de ce « syndicat » : « *Joli troll.* »
Lorenzo Soccavo eut l'intelligence d'analyser : « *En tant que lecteur, se mobiliser en faveur d'une société commerciale comme Amazon relève selon moi d'un asservissement accepté. Ce qu'il faut revendiquer c'est la gratuité POUR TOUS des frais de port des livres imprimés et une TVA à ZERO % sur les livres imprimés et numérisés !* (*Quant à Amazon qu'ils commencent par respecter la fiscalité, comme nous tous et les libraires sommes contraints de le faire, et qu'ils traitent plus respectueusement leurs salariés !*) *Pour le reste je suis d'accord avec le slogan : "Une vraie librairie, c'est un endroit où tous les livres sont disponibles, et pas seulement ceux de l'oligarchie" CQFD.* » Naturellement, arguments sans grande pertinence, et sans avoir lu le livre.

Celle qui voulut se rendre intéressante intervenait une première fois : « *J'étais en train de voir ça... c'est un troll hein ? Dites moi que c'est un troll ?* »

On appelle facilement troll ce que l'on est incapable de comprendre chez ces gens-là. Sûrement par paresse intellectuelle.

Lorenzo Soccavo avait la patience de lui expliquer « *Je ne pense pas que ce soit un troll, non, si on suit l'url indiquée. Pour un chercheur en prospective du livre comme moi c'est ce que nous appelons "un signal faible" ;o) ça peut aussi être pris comme un indicateur du travail effectué par Amazon sur les auteurs autoédités.* »

Stéphane intervenait donc « *Lorenzo Soccavo, l'auto-édition existait avant Amazon ! Vous vous souvenez, je crois. Lisez le livre et vos certitudes de chercheurs seront sûrement interpellées... vous avez raison sur le "signal faible", la majorité des écrivains reste soumis à la pensée dominante développée dans le livre (celles des grandes fortunes Lagardère, Gallimard, Fabre...)* »

Celle qui voulut se rendre intéressante réapparaissait : « *Oui, on a toujours pu éditer ce dont les éditeurs ne voulaient pas. Parfois les éditeurs se plantent en refusant ou acceptant un auteur, parfois... Vu le ton utilisé là, on a l'impression de voir quelqu'un qui veut juste protéger son bout de gras. Je pense que les éditeurs (Hachette ou Gallimard, sans doute, vu la haine qu'il leur porte) l'ont refusé, et que là, si en plus les gens devaient payer des frais de port pour le lire, sûr, plus personne ne raquerait. Raquer pour un livre auto-édité refusé par les éditeurs, c'est une chose, raquer pour le transport de ce même livre, ouhla, scandale ! (Rassurez-vous, personnellement, frais de port ou pas, je ne ferai pas de pub ni n'irai l'acheter, promis !)* »

Elle escomptait sûrement de nombreux applaudissements dans ce cénacle où les éditeurs restent les partenaires naturels, où l'on revendique mais en acceptant le système, en espérant être retenu chez les plus grands... Pour montrer que l'on est grand ! Sur les épaules d'Antoine et Arnaud ! (en fait, sous leurs pieds)

Stéphane se lâchait un peu « *pauvre fille ! Eh non, mes livres ne sont pas proposés chez Hachette ni Gallimard, je publie depuis 1991 même... vous avez surement des difficultés à comprendre ce que signifie l'indépendance... Votre commentaire est très significatif de votre personnalité... vous serez sûrement approuvée par quelques amis...* »

Celle qui voulut se rendre intéressante ne lâchait pas le morceau : « *Je savais que je me ferais un copain... Par contre, Môssieur, je ne vous ai pas insulté, je vous prie donc de changer de ton avec moi...* »

Stéphane devait donc lui préciser « *"quelqu'un qui veut juste protéger son bout de gras", de vous, est une insulte mâdameeeeeeeee. "Raquer pour un livre auto-édité refusé par les éditeurs" est même une...* »
Je doute qu'elle ait compris qu'il pouvait lui reprocher une diffamation...

Celle qui voulut se rendre intéressante cherchait la bonne posture « *Juste une question, là, pour rire... C'est "ça" que vous appelez "publier" ? http://www.amazon.fr/St % C3% A9phane-Ternoise/e/B0060UQ9OK Nan parce que si oui... vous en vivez ? Juste pour savoir... Frais de port offerts ou pas, vous en vivez ? Surtout que*

défendre les frais de port quand on fait du Kindle... Non mais sérieux...
En fait, non, pas "sérieux", arrêtez de vous prendre au sérieux, surtout.

Ah mais si vous voulez entrer dans l'insulte, on peut continuer, hein... Je ne disais que mon admiration pour votre page au si grand succès... Si si, j'admire.
Vous êtes une sorte de furoncle de la société, Môssieur, tentez d'aller éclater ailleurs, merci. »
Hé oui, celle dont il est inutile d'imprimer le nom... elle pourrait même se considérer comme mon « amie facebook », s'adressait ainsi à un écrivain indépendant. C'était Stéphane, c'aurait naturellement pu être un autre, et sans récolter la moindre indignation du groupe. Un écrivain indépendant est un chien, un chien des rues, auquel on ne lancerait même pas un os, préférant le balancer dans le conteneur gris.

Stéphane ne s'énervait pourtant pas, elle devait l'espérer « *Un livre "Broché" est un livre en papier très chère et aimable grande artiste indispensable à facetruc. (c'est écrit sur la page de votre lien) Et http://www.livrepapier.com comme son nom l'indique est un site du livre en papier... C'est peut-être choquant et incompréhensible pour vous mais j'ai des pièces de théâtre traduites en anglais, allemand, italien et espagnol...* »

En me montrant cet échange, il m'a précisé « J'aurais pu la féliciter d'utiliser à mon égard le terme de Milton Hindus quand il rend visite à Céline au Danemark. « *Céline est aussi bourré de mensonges qu'un furoncle de pus* » mais il est probable qu'elle aurait répondu ne pas être fan de Céline Dion... non, en fait, elle aurait essayé de ridiculiser celui qui ramenait ses connaissances, alors qu'elle, elle est... jeune ! »

Celle qui voulut se rendre intéressante « *Qu'elles soient traduites, grand bien vous fasse, mais c'est encore vous votre propre éditeur ?*

Non mais je sais ce qu'est un livre broché, tout de même, Ô grand maître de la connaissance... Je vous remercie de votre mansuétude à mon égard, de votre générosité dans l'explication... pour faire encore votre publicité.
Ce n'est pas trop dur à vivre, auto-promoteur ? Non parce que je me demande... »

Stéphane cherchait alors sa biographie, elle devait au moins avoir publié un livre historique chez Privat ! Même pas, inscrite en recherche de télétravail, auto-entrepreneuse.

La Manon revenait « *Non mais vous arrêtez les enfants ? L'auto-édition peut être une bonne chose, même si malheureusement, elle est peu mise en valeur, submergée de daubes sans noms qui cachent de très bons livres. Mais ce n'est pas une raison pour cracher sur l'édition traditionnelle juste parce que c'est cool...* »

Celle qui voulut se rendre intéressante essaya de conclure en beauté « *Oui madame ! J'arrête !*
En effet, on peut tomber, parfois, sur une perle dans l'auto-édition. Cela reste rare toutefois...
J'ai vu des auteurs ouvrir une maison d'édition pour s'éditer...
Quand on leur demande s'ils cherchent des manuscrits

(puisqu'officiellement, tel n'était pas le cas), ils bafouillent quelque chose comme "les temps sont durs, vous savez..." Et si on observe bien, on ne voit qu'un auteur chez l'éditeur... Si si !

(Enfin bref, je ne répondrai plus à cette page de pub, parce que ça n'est que ça, au final... C'est donner trop de crédit à cette personne que de continuer à échanger sur ce sujet...
Je présente mes excuses aux membres de ce groupe (pas à môssieur, faut pas dec') pour m'être ainsi emportée et avoir donné du grain à moudre à ce sujet pitoyable...) »

Que d'aveux, finalement ! Elle en était à viser les plus petits éditeurs qui soient ! Elle avait dû en essuyer des échecs, donc « se payer » un écrivain indépendant, c'était sûrement une belle revanche… Dans sa petite tête...
C'est sûrement une voie pour essayer de capter un lectorat plus vaste mais je ne participe jamais à ce genre de forum. Il est inévitable d'y croiser des gens de ce genre. Facetruc, c'est ça… Stéphane m'a raconté y avoir été régulièrement pris à parti car il n'intervient qu'avec des liens vers ses sites…

Patrick Rambaud a-t-il pu voter pour un roman dans lequel il figure ?

Déjà, il n'est pas certain que « les quatre traîtres » aient lu ce roman...

« ...Non, je ne pouvais pas refuser sa proposition, être son nègre, c'était ma chance. De toute manière mes livres ne se vendent pas, ça ne sert à rien d'en rajouter d'autres... Cette expérience allait me permettre de progresser, écrire pour les autres c'est sûrement une bonne école, un des derniers prix Goncourt a d'ailleurs travaillé ainsi durant des décennies, et ça ne l'a pas empêché de réussir...

(« - Oui, Patrick Rambaud, prix Goncourt 1997 avec "*La Bataille*" mais n'oublie pas qu'il s'agissait d'un des journalistes du magazine "*Actuel*" et une personnalité du petit monde littéraire qui publiait également sous son nom chez Grasset de chez Lagardère ou sous pseudonymes, c'était un de ces petits apparatchiks de l'édition à cause desquels le système tient.
- Ne sois pas négatif ! Regarde le bon côté des choses. Ce mec a besoin de toi et tu as besoin de lui. Vous devez vous entendre. »)
Euphorique : j'allais devenir une forme de salarié de l'écriture, et finalement c'est ce qu'elle attendait de moi : un salaire fixe et des horaires. »

C'est quand même plus intéressant que du « *vous êtes une sorte de furoncle de la société* », le « *un de ces petits apparatchiks de l'édition à cause desquels le système tient.* »

J'ose espérer qu'il y eut de l'humour impertinent chez ceux qui ont lu ce paragraphe...

Un phénomène de dégoût face à l'édition en France modèle 2013 chez "les traîtres" ?

Stéphane les a peut-être remués en intégrant dans son roman des aveux, comme l'interview d'Alain Beuve-Méry (le petit-fils du fondateur du *Monde*, Hubert) qui « *couvre le secteur de l'édition pour le journal Le Monde depuis 5 ans* », au 8 Octobre 2011, réalisée par F.K de tahiti-infos.com à l'occasion du "*Salon Lire en Polynésie.*"

« - Avez-vous lu l'un des ouvrages édités localement ?
- C'est très frais, mais je viens de lire le dernier Chantal Spitz, *Elles. Terre d'enfance. Roman à deux encres.* (...)
- On est en pleine rentrée littéraire en métropole. Ce livre pourrait-il percer ?
- C'est un livre qui mérite d'être édité, assurément. Mais vous le savez sûrement, entre 600 et 700 romans paraissent entre le 25 août et le 15 octobre chaque année. Tout dépend donc beaucoup de la maison d'édition dans laquelle vous êtes édité, et du travail fait en amont par les attachés de presse auprès des journalistes et des jurés littéraires. Chantal Spitz est un frêle esquif au milieu de nombreux bateaux. Mais pourquoi pas ? Son livre pourrait, ou devrait, trouver un public en France. J'espère pouvoir en parler avec elle au Salon. C'est très intéressant de rencontrer de vrais écrivains, très différents de ceux qu'on a l'habitude de lire en France. »

Il ajoutait également un article du 9 mars 2007, un soutien aux libraires où Baptiste-Marrey (noté écrivain), n'hésitait même pas à reconnaître : « *les grands groupes publient, distribuent, vendent et font commenter favorablement les titres qu'ils produisent.* »

Le tout avec des variations autour de Christine Angot :
« Quant au "Philippe Forest, écrivain", bel exemple, en
2012, de critique déontologique : au risible il ajoute la
suprême morale en encensant l'icône Angot, après le
rachat de Flammarion par Gallimard. "P. F." publiant
désormais chez "le plus prestigieux des éditeurs"
(sûrement normal quand on peut se prévaloir de signer
dans *Le Monde des Livres* même si je ne doute pas de la
qualité de sa plume, nettement supérieure à celle d'Anaïs)
et Flammarion ayant le grand bonheur de compter dans
son écurie les régimes Dukan et mademoiselle ou madame
Angot (comme il lui plaira). Je ne résiste pas au plaisir de
reprendre la remarquable (qui se remarque) analyse de
"Philippe Forest, écrivain" : « *À juste titre, on dit souvent
d'un vrai roman qu'il est irrésumable, car en rendre
compte sous une forme autre que celle que son auteur a
choisie revient précisément à défaire ce que celui-ci a
voulu faire. C'est particulièrement le cas avec le nouveau
livre de Christine Angot.* » Oui, disons-le simplement
"Philippe Forest, écrivain" a débuté sa carrière par un
"*Philippe Sollers*", au Seuil, en 1992. Philippe Sollers
historique icône du *Monde des Livres*. Une grande
famille... »

Arrivés à leur position d'indéboulonnables membres du
plus prestigieux prix littéraire, ils sont donc quatre à avoir
jugé la situation suffisamment grave pour voter révolution
numérique ! Les noms ? Finalement, historiquement, sans
grande importance !

Stéphane l'oubliera sûrement un jour, même si on lui
rappelle des extraits de ce roman, mais il n'y croyait plus.

Il n'y croyait pas que ce sixième roman puisse dépasser les mille ventes, et encore, avec du temps. « J'ai sûrement eu tort d'exposer mes envies, raisonnements, conceptions révolutionnaires ! Mais c'est une révolution tellement morale, juste, digne, honnête qu'elle "aurait dû" susciter une adhésion immédiate chez les écrivains. C'est oublier le célèbre "un tiens vaut mieux que deux tu l'auras." Oui, les écrivains sont des petits enfants qu'il faut prendre par la main ou de vieux messieurs frileux. Que cesse l'exploitation des créateurs par les marchands, nous aurions pu nous entendre sur ce minimum revendicatif ! Oui, je suis sûrement grillé partout. Un révolutionnaire n'intéresse que cinquante ans après sa mort ! Ça y est, comme Stendhal, me v'la en position de ne plus espérer qu'une reconnaissance posthume. »

Un type comme Bernard Pivot peut avoir été touché, remué, par le chapitre *XXVII La lecture*. Pour le peu que j'en sais de lui ! Car quand même, il n'a pas remporté ce prix uniquement pour avoir balancé un pavé dans la vitrine du couple infernal Lagardère-Gallimard qui entraîne le secteur dans l'impasse au point qu'Amazon apparaisse comme le sauveur...

- Ce que je ne comprends pas mec, c'est cette manie que vous avez de répondre « j'ai envie de lire » ou pire « j'ai besoin de lire ». Qu'est-ce que ça t'apporte ?!

J'ai souri, levé les mains écartées au niveau des joues... Il a enchaîné :
- Nadj, c'est pareil, elle sourit... tu vois, je la laisse tranquille, je sais bien que les femmes, il ne faut pas trop essayer de les comprendre. Mais toi, t'es bien un mec pourtant, alors tu joues à quoi ? C'est pour te donner un genre, pour apprendre à écrire comme eux ? Nadj, je la laisse tranquille avec ça, mais j'aimerais comprendre. Tu crois qu'en fait c'est parce que je m'occupe pas assez d'elle, comme Amina ne s'occupe pas assez de toi ?
- Lire, écrire et faire l'amour. Et le corps a besoin de dormir, manger et marcher ! La vie idéale selon moi, elle se résume à ça ! Amina ne comprend pas ! Quand je suis tombé sur un passage de Bernard-Henri Lévy avec une motivation identique dans sa correspondance avec Houellebecq, je lui ai montré. Elle a considéré cette approche absurde ! Lire oui ! Mais il lui faut du mouvement, se rendre utile, voir ses "amis", s'occuper de son fils, des enfants des autres... Mais tu vois, le "lire", elle le comprend ! Quoique, plus je l'observe et plus je me rends compte qu'elle n'aime pas vraiment lire ! Elle aime

se distraire en lisant, se reposer en lisant. J'ai de plus en plus l'impression qu'elle cherche dans la lecture à ne plus penser, ou à penser à autre chose. Elle me rappelle Gwenaëlle, qui m'avait expliqué sa relation de simple distraction à la lecture pourtant intensive. Elle lit pour l'histoire. Pour se divertir. Pas pour approfondir une pensée ou un style. J'ignore où se situe Nadège dans tout ça. Tu vois, le « j'aime lire » peut regrouper des approches très divergentes.

- C'est du chinois pour moi ton truc de détergente. Maintenant, l'après-midi, elle va dans la forêt, s'installe dos à un arbre et passe des heures à lire tandis que je bétonne. Je ne lui demande pas de venir m'aider mais quand même ! Elle me jure que de s'appuyer contre un arbre et lire, c'est merveilleux, elle m'a même parlé du lien entre le papier et l'arbre... Elle pourrait pourtant télécharger sur son Kindle mais elle préfère ramener de Montaigu des tas de bouquins. Il va faire fortune, avec elle, le libraire... tu sais que c'est pas une question de fric mais dans notre chambre y'a déjà un énorme tas... J'ai dû lui promettre qu'on passerait à l'appartement qu'elle occupait avec l'autre pour ramener toute une étagère de papiers ! On procédera comme pour un cambriolage ! Quoique j'aurais préféré le croiser et le butter en légitime défense. Mais elle ne veut pas. La voiture va être remplie de bouquins ! Mais je ne pige pas ! T'as tes idées, j'ai les miennes, elle a les siennes, alors ça vous sert à quoi celles des autres ?...

Son questionnement était donc sérieux. Ce qui dénote au moins la volonté de comprendre la femme qu'il avait piégée. Qu'apporte la lecture à un être humain ? J'aurais pu développer sur la littérature mais je le savais tellement

loin de tout cela que c'en était incompréhensible pour lui.
Je lui ai confié :
- Je sors d'une période très douloureuse, où je ne pouvais plus lire. Je suis encore en convalescence. Je débute de nombreux livres et les arrête. Ce qui ne m'arrivait jamais avant. Durant douze mois, j'ai été incapable mais alors incapable de lire, ça m'est tombé dessus quand j'ai compris qu'en mars 2010 toutes mes nuits sans sommeil, passées à lire pour éviter ces cauchemars où je la voyais baiser, c'était simplement une fuite devant cette réalité. Oui, je ressentais ce qui se passait à 10 000 kilomètres et plutôt que de lui crier STOP je plongeais dans la lecture, je ne pouvais pas croire que c'était vrai, je pensais virer dans une jalousie maladive. J'en voulais à mon cerveau d'oser ainsi salir sainte Amina, la femme la plus pure qui soit, celle qui ne pourrait pas même accepter qu'un autre homme que moi voie ses seins. Oui, j'en étais là. Des choses ne fonctionnaient pas entre nous, cette exigence de vouloir me transformer en musulman me gonflait mais une confiance absolue s'était incrustée en moi, alors je lisais, je lisais, je lisais et elle m'écrivait « mon amour » ce qui semblait corroborer l'idée d'un début de folie chez moi. J'ai cru devenir fou ! Alors quand j'ai découvert le contenu de ses nuits, ce fut un blocage total. Elle ne l'a jamais compris. Elle me parlait d'avenir alors qu'elle avait détruit toute possibilité de confiance, elle me parlait d'être musulman alors qu'être musulman elle m'avait montré que c'est mettre en confiance l'autre pour le traîner dans la boue dès qu'il a le dos tourné. C'est quelque chose en moi, le besoin de lire, si tu le brises, tu me brises. Ça doit être pareil chez Nadège.
(J'étais dans un grand état de confusion.)

65

- Ouais, je comprends, c'est comme aimer la bière ou le chocolat.

(Je n'étais même pas surpris d'une telle conclusion :)

- Finalement, c'est peut-être tout simplement ça !

- Merci, mec. Tu vois, j'ai pas tout suivi de tout ce que tu m'as raconté, mais je crois avoir compris l'essentiel, je la laisse vivre sa vie avec ses bouquins et le jour où elle n'aura plus de place pour les ranger, on fera un grand feu !

« Pourquoi, on est tenté de leur demander ? Naturellement, les membres du jury sont libres, indépendants, mais pourquoi, alors que la librairie française traverse la plus grave crise de son histoire, pourquoi, vous qui connaissez parfaitement les raisons de cette situation, les visées hégémoniques des géants américains venus d'un univers qui n'est pas le notre, pourquoi avoir ainsi couronné un auteur auquel nous ne dénions pas des qualités de romancier certaines mais qui se comporte avec la chaîne du livre comme le plus insouciant des anarchistes ? Je veux bien qu'il y ait des problèmes dans la distribution des livres, qu'il faut sûrement reconsidérer nos méthodes de travail... Le syndicat des libraires veut bien en discuter avec monsieur Ternoise, nous sommes naturellement disposés à vendre ses livres, mais qu'il cesse ses attaques, son soutien à Amazon... »

Belle déclaration, avec émotion, mais TF1 n'a pas jugé utile de signaler le nom du « *libraire croisé qui nous expose simplement son ressenti après ce séisme du Goncourt 2013.* »

- Je dédie également, cette fois avec une ironie teintée d'un léger mépris, tellement léger par rapport à celui de "sa" lettre de février 2013, je dédie ce prix Goncourt à monsieur le plus célèbre petit-fils de Louis Malvy, prénommé Martin.

Va-t-il résister à la tentation politique ? Pour redonner à la région un nom digne de son territoire, après ces décennies de Bayletonie ?

Je n'aurais jamais osé m'adresser ainsi à un président de région, peu porté sur l'autocritique... selon des "indications"...

M. Malvy Martin, Président du Conseil Régional
CONSEIL REGIONAL MIDI-PYRENEES
22, boulevard du Maréchal-Juin
31406 Toulouse Cedex 9

Montcuq le 16 janvier 2013

Monsieur Martin Malvy,
Monsieur le Président de la Région Midi-Pyrénées où je vis depuis 1996,
Monsieur le Président d'une communauté de commune du département où j'ai choisi de vivre,

Je pense avoir écrit quelques textes corrects, et faire correctement mon boulot d'écrivain, mériter ainsi un minimum de respect. Romans, essais, pièces de théâtre (certaines traduites en anglais et allemand), textes de chansons. Mes photos intéressent également, un peu.

Pourtant, quand je lis vos modalités d'attribution des bourses du CRL, je me sens insulté. Minable, l'écrivain indépendant qui souhaite vivre en modeste artisan de la plume, sans passer par les grandes fortunes de France, Gallimard, Lagardère, Esménard ou de La Martinière ? Minable, que d'être une profession libérale, auteur-éditeur ?

Vous avez choisi de mener une politique de soutien aux écrivains inféodés à ces groupes et aux libraires, qui vendent les produits de ces industriels de l'édition (« *industrie culturelle* » selon l'expression de madame la ministre Aurélie Filippetti devant le SNE). Est-ce cela être de gauche au vingt-et-unième siècle ? Pouvez-vous prétendre que la plume des bénéficiaires de ces 8200 euros ait produit des œuvres d'un intérêt supérieur à la mienne et qu'ils méritaient plus que moi un soutien ? Nous les indépendants, sommes des minables ? (j'utilise ce "nous" ès auteur du « *manifeste de l'auto-édition* »)

Vous n'avez pas l'impression que la petite phrase d'exclusion des écrivains professionnels, en profession libérale auteur-éditeur, témoigne d'une politique soumise aux oligarchies, à cette appropriation de la culture par des industriels ? (Emmanuel Todd semble rejoindre mes vieilles analyses, quand il écrit « *la vérité de cette période n'est pas que l'État est impuissant, mais qu'il est au service de l'oligarchie* »)

Vous ne mesurez pas les conséquences sociales et humaines d'une telle politique ?

Depuis plus d'une décennie, j'essaye de demander une approche respectueuse des écrivains indépendants. Votre ami monsieur Alain Bénéteau, m'accorda en son temps de président du CRL, une formule que vous trouverez peut-être également jolie « *nous ne pouvons probablement pas rester sur une situation non évolutive.* » En dix ans, seul le vocabulaire de rejet des indépendants fut modifié [dans votre "*Sont exclus :*" figura la phrase "- *l'auto-édition (éditions à compte d'auteur et éditions à compte d'auteur pratiquées par un éditeur professionnel)*"] J'ai également en vain interpellé monsieur Gérard Amigues, représentant lotois au CRL.

Depuis plus d'une décennie, je vis de peu, le plus souvent sous le seuil de pauvreté. 2013 est financièrement intenable. Ce soutien du CRL représentait mon unique espoir de tenir. Quitter la France devient donc financièrement impératif. Vous vous en réjouirez peut-être. Puisque vous n'avez jamais daigné répondre directement à mes critiques. Mais il fut un temps où notre pays représentait une terre d'espoir et pour continuer d'écrire, vivre de mes ventes, je ne vois d'autre solution que l'exil, en Afrique.

Le "système des installés" a donc gagné : un écrivain qui ne se soumet pas aux oligarchies doit abandonner. C'est peut-être cette petite phrase sur les écrivains indépendants que retiendront de votre passage sur terre les générations futures. Etre écrivain et vivre à la campagne, modestement, représentait un choix de vie (à 23 ans j'étais cadre dans une grande entreprise, bien que je sois né dans un milieu agricole, sans relations). Ecrivain et campagne, deux voies inacceptables ? Exemple pour la campagne, Alsatis, qui nous fut présenté, imposé, offert (les qualificatifs divergent), ce "haut débit" de campagne, ainsi noté sur un contrat spécifiant un débit maximum montant à 128 kbps.

Je n'étais pas retourné à Figeac depuis le 27 avril 1998, votre fête du livre où il m'avait fallu payer 80 francs pour obtenir un "strapontin". J'en ai fait une pièce de théâtre qui je l'espère nous survivra. Lundi 7 janvier 2013, j'ai photographié cette ville. Ce sera, symboliquement, sûrement une de mes dernières publications avant l'exil.

Je n'ai jamais participé (14 livres en papier publiés, une cinquantaine d'ebooks) au "*Salon du livre de Toulouse Midi-Pyrénées*" organisé par le CRL. « *Votre qualité d'auteur-éditeur ne nous permet pas de vous intégrer à ce Salon, qui est limité aux éditeurs professionnels de Midi-Pyrénées* » me répondait sa directrice en 1998, Laurence Simon. L'exclusion fut totale. J'ignore si d'autres professions ont eu autant à souffrir de la politique régionale durant vos mandats mais vous ne nous avez rien épargné.

Oui, monsieur Malvy Martin, j'ai essayé une autre voie, car j'ai refusé un système qui confisque 90% des revenus des livres. Ces librairies que votre politique a soutenu, savez-vous qu'elles ont accepté la gestion mise en place par des distributeurs créés par "nos grands éditeurs" (naturellement, vous n'avez "sûrement" pas lu "*écrivains réveillez-vous !*")
En agitant devant le nez des écrivains qui acceptent ce système inique (n'entendez-vous jamais les protestations d'écrivains qui acceptent ce chemin mais ne parviennent pas à en vivre, même à être certains des chiffres de vente ?) des bourses de 8000 euros (chiffre 2013), vous participez à la pérennité de ce système. Sommes-nous des ânes, monsieur Martin Malvy, pour que l'on nous (les écrivains) promène ainsi ?
Le livre numérique est une chance pour les écrivains. Mais ai-je été invité à participer au groupe de travail régional interprofessionnel sur le livre numérique "*LE NUMERIQUE ET LES MÉTIERS DU LIVRE*" ? La composition de ce groupe est significative des résultats qui

71

souhaitaient être obtenus. Le livre numérique, oui, à condition qu'il soit contrôlé par les "éditeurs traditionnels" et permettent aux libraires de continuer à vivre de ce commerce ?

Naturellement, je suis écrivain et comme Stendhal le plaçait dans la postérité, je vais lancer un dernier billet de loterie dans le monde numérique, en racontant, tout simplement, cette lutte pour vivre debout, cet échec face à votre politique (ce "votre" englobe naturellement vos collègues mais je suis arrivé dans le Lot en 1996, deux ans avant votre élection à la tête du Conseil Régional donc nous aurez marqué ma période lotoise, il est donc normal que votre présidence soit abordée).

Même si, contrairement à madame Danielle Mitterrand et de nombreux membres du PS, je n'ai jamais eu de sympathie pour Fidel Castro, en ce début d'année, j'éprouve pour monsieur Gérard Depardieu une grande tendresse. Comme lui, je suis un être libre, Monsieur, et je sais rester poli.

Veuillez agréer, monsieur le Président de Région, mes très respectueuses considérations.

Stéphane Ternoise
http://www.ecrivain.pro
http://www.romancier.net
http://www.dramaturge.net

Qu'ont-ils lu de Stéphane ? Plus je parcours ses essais, plus « c'est encore pire que tout ce que je savais » me dérègle la lucidité. Quand même, peut-on continuer, quand on se préoccupe de littérature, à soutenir un système devenu fou ?

L'état va donc consacrer «*cinquante millions d'euros* » (chiffre de Bruno Racine, président de la Bibliothèque nationale de France) pour numériser 500 000 titres. Soit cent euros au titre. Très cher. Surtout après avoir lu "*La politique du livre face au défi du numérique*", rapport d'information au Sénat de M. Yann Gaillard, en février 2010 : « *selon le ministère de la culture et de la communication, le coût moyen de numérisation d'un livre dans le marché de masse de la BnF est de l'ordre de 50 euros.* » Ce doublement du coût moyen en quelques mois mériterait au moins des éclaircissements...

Pourquoi des écrivains ont accepté un système où l'auteur doit rapidement réaliser des démarches pour refuser d'être utilisé par la "chaîne de l'édition française", un système similaire à celui que souhaita instaurer Google, dénoncé, combattu, vilipendé, même en France par les éditeurs, les auteurs, les politiques, finalement stoppé par la justice américaine malgré un accord entre le géant de l'Internet et des représentants d'écrivains ?

Lionel Tardy remarqua à l'Assemblée : "*ce texte, que l'on sent écrit par les éditeurs, pour les éditeurs.*"

Cette loi sommeillait dans les intentions depuis des années. Quand Hachette Livre et Google ont signé un protocole d'accord pour la numérisation, par Google, d'œuvres indisponibles du catalogue Hachette, Vianney de la Boulaye, directeur juridique de Hachette Livre, fut interrogé par Amélie Blocman pour LÉGIPRESSE n° 278 - décembre 2010.

Il y déclare : « *la gestion collective obligatoire est un recours imparable, mais elle ne sera pas mise en place avant 2012-2013...* »

Le Bief, Bureau international de l'édition française, notait, dans son étude "Achats et ventes de droits de livres numériques : panorama de pratiques internationales" publiée en mars 2011 : « *La politique du tout ou rien que pratiquent plusieurs maisons anglo-saxonnes, consistant à refuser d'acquérir les droits papier si les droits numériques ne sont pas inclus, semble être efficace par son caractère dissuasif.* » Ce qui ressemblait fort à un conseil aux éditeurs français !

M. David Assouline, au Sénat, le 29 mars 2011, analysait : « *Avec le livre numérique, l'éditeur touchera sept fois plus que l'auteur !* »

Le rôle du distributeur vous est inconnu ?

« *Alors que dans les autres pays comparables l'éditeur et le distributeur sont deux acteurs bien distincts, les principales maisons d'édition françaises ont développé leur propre circuit de distribution, à l'exemple de la Sodis appartenant à Gallimard ou de Volumen dans le cas du groupe La Martinière. En contrôlant le processus de distribution, les éditeurs français se sont donnés les moyens de dégager des marges plus importantes qu'avec leur seule activité éditoriale.*

L'intégration de la distribution reste aujourd'hui encore l'une des principales sources de la bonne santé économique des éditeurs français (...)

Avec la transmission directe d'un texte depuis une plate-forme de téléchargement vers une tablette ou une liseuse, l'impression et la distribution du livre ne sont plus nécessaires. Or c'est cette dernière étape de la chaîne du livre qui est aujourd'hui la source majeure de rémunération pour l'éditeur. »
Note d'analyse officielle gouvernementale, mars 2012

Parfois, il me donne le vertige, Stéphane, en étayant ses démonstrations de déclarations qui les confirment. J'ai même déjà eu envie de lui suivre sur le chemin de l'indépendance. Mais face à des adversaires aussi puissants, je me sens trop vieille. Oui, si j'avais été membre de ce jury, j'aurais dans « un geste nihiliste » (comme il fut drôle le bedonnant !) confié à l'écrivain lotois les clés du combat...
Un vote de révolte contre ces grandes familles qui ont confisqué l'édition ? Les libraires n'osent plus critiquer Hachette ! La pieuvre a gagné ! La dédiabolisation a fonctionné : plutôt Lagardère qu'Amazon ou Apple ! Nous vous protégeons ! Nous sommes l'exception culturelle française, que feriez-vous si vous n'étiez que des petites maisons face aux ogres américains ? Pourtant, la culture francophone est une petite chose à l'échelle du monde, qui peut organiser l'artisanat ! Tout écrivain le sent bien, lui qui divise le montant mensuel nécessaire par le prix de vente HT de ses livres. Pas besoin de vendre 100 000 exemplaires pour vivre. Un écrivain vit modestement. Certes, il existe des flambeurs mais l'écrivain, tellement accaparé par son œuvre, se contente le plus souvent de peu...

Selon challenges.fr, Antoine Gallimard (et sa famille)

serait la 224ème fortune de France avec 160 millions d'euros en 2012.

Il est "naturellement" devancé par Arnaud Lagardère (et sa famille) au 170ème rang avec 345 millions d'euros.

Francis Esménard (et sa famille) 296ème avec 115 millions d'euros, le fondateur et patron d'Albin Michel.

Dans "la famille" d'Antoine Gallimard au sens de challenges.fr, ne figure pas "Isabelle et Robert Gallimard et Muriel Toso", *conglomérat* classé au 321ème rang des fortunes de France avec 100 millions d'euros tout rond. Le site du mensuel note "*Ces familles, actionnaires historiques et proches d'Antoine Gallimard, conservent 38 % de l'éditeur (CA : 253 millions).*"

Hervé de La Martinière, 472ème (encore 60 M€), président-fondateur (il en conserve 29 %) de La Martinière, qui a racheté le Seuil en 2004.

Jacques Glénat (et sa famille) 472ème fortune de France également, de *Glénat Edition*, un pilier de la BD.

Pierre Fabre les devançait tous, au 54eme rang des fortunes françaises avec 800 millions d'euros. À la tête d'un mastodonte dans le domaine pharmaceutique, il semble s'intéresser aux discrets "vecteurs d'informations" : propriétaire de l'hebdomadaire "*Valeurs actuelles*", considéré très à droite et au capital (6%) de la *Dépêche*, éditeur de "*La Dépêche du Midi*"... qu'on dit très liée aux intérêts de Jean-Michel Baylet. Mais dans l'édition c'est surtout l'éditeur de François Hollande ("*Le rêve français : Discours et entretien (2009-2011)*") et Martin Malvy 2013. Il est mort sans que la moindre émotion n'ait traversé la région, contrairement à ce qui fut écrit par notre président.

Louis-Ferdinand Céline exagérait sûrement avec « *Tous*

les éditeurs sont des charognes. » Mais il fréquentait Gaston Gallimard de la famille des péremptoires : « *Un auteur, un écrivain, le plus souvent n'est pas un homme. C'est une femme qu'il faut payer, tout en sachant qu'elle est toujours prête à s'offrir ailleurs. C'est une pute.* »

Naturellement, je ne les imaginais pas pauvres. Mais pas riches à ce point !

Cinq distributeurs, en fait quatre… Pour alimenter 25 000 points de vente, rien que la logistique et les frais de transport nécessitent une mise de départ dont ne dispose naturellement pas l'auteur-éditeur.

Se limiter aux grandes enseignes, qui fonctionnent avec une centrale d'achats, permettrait une percée significative mais ces structures répondent à l'auteur-éditeur de passer par un distributeur référencé... Cercle vicieux où seuls les installés peuvent commercer...

La note d'analyse officielle gouvernementale, de mars 2012, résumait : « *Alors que dans les autres pays comparables l'éditeur et le distributeur sont deux acteurs bien distincts, les principales maisons d'édition françaises ont développé leur propre circuit de distribution, à l'exemple de la Sodis appartenant à Gallimard ou de Volumen dans le cas du groupe La Martinière. En contrôlant le processus de distribution, les éditeurs français se sont donnés les moyens de dégager des marges plus importantes qu'avec leur seule activité éditoriale.*

L'intégration de la distribution reste aujourd'hui encore l'une des principales sources de la bonne santé économique des éditeurs français (...)

Avec la transmission directe d'un texte depuis une plate-forme de téléchargement vers une tablette ou une liseuse, l'impression et la distribution du livre ne sont plus nécessaires. Or c'est cette dernière étape de la chaîne du livre qui est aujourd'hui la source majeure de rémunération pour l'éditeur. »

Cinq distributeurs se partagent plus de 90% du marché : Hachette Distribution, Interforum (Editis), Sodis (Gallimard), Volumen (Seuil-La Martinière), Union Distribution (Flammarion). En rachetant Flammarion,

Gallimard est devenu un poids lourd de l'édition française, le troisième groupe. Il a aussi acquis un distributeur et le rapprochement Sodis - UD semblerait logique. Le pouvoir de négociation des fournisseurs extérieurs, les petits éditeurs, est quasi nul face à ces mastodontes.

Jean-Claude Utard, dans le résumé de son cours sur l'édition française à l'Université Paris Ouest Nanterre La Défense, note : « *Un éditeur petit ou moyen est donc contraint de déléguer ce travail* [distribution et diffusion] *et se retrouve dans une situation où il n'est pas complètement libre de choisir : c'est le distributeur et le diffuseur qui, en fonction des rythmes de parution, des chiffres et du volume des ventes de cet éditeur et de sa complémentarité avec les autres éditeurs de son catalogue, en définitive acceptent de le prendre en compte. Une caution est en général exigée alors par le distributeur et la rémunération du distributeur et du diffuseur consistera en un pourcentage sur les ventes (10 % en moyenne pour la distribution), souvent assorti de la condition d'un chiffre d'affaire minimum (et donc d'une rémunération minimum pour le distributeur et le diffuseur).* »

Une caution et un chiffre d'affaires minimum : ainsi la porte est fermée à l'auteur-éditeur, discrètement, sans nécessité de préciser « réservé aux éditeurs adhérents du SNE. » Il suffit d'imposer des contraintes économiques pour exclure, inutile de censurer.

Vertige que cette réalité. Nous le savons tous. Mais nous ne cherchons pas les données exactes, il les a balancées devant nos yeux, et c'est peut-être autant cela qui lui vaut ce retournement de situation, ce passage de l'ombre à la lumière… Voilà, je me mets à m'exprimer comme eux. Je pourrais fouiner plus, recopier plus. Mais je ne sais pas. C'est tellement, encore plus pour moi peut-être, inattendu. Il fut sûrement le seul, et son envoi le confirme, à croire possible de gagner le gros lot avec un modeste billet de loterie. Nous ne méritons sûrement pas cette révolution, nous les écrivains à genoux. D'ailleurs, nous allons y rester ! Alors l'illusion, retour à la réalité...

Fanny Werte

Fanny Werte a cinquante ans. Elle a publié chez de nombreux éditeurs "traditionnels", sous son nom de naissance. Aucun grand best-seller mais une bonne ouvrière du livre. Elle continue dans cette voie "valorisée" en France. Mais le pays est "en guerre littéraire" : éditeurs classiques contre auto-édition. Fanny Werte est pacifiste. Mais lucide. Il faut choisir son camp ! Non ! Impossible ? Donc elle s'est fragmentée, en deux. On a connu pire chez les écrivains. Alfred Jarry / Émile Ajar - Jack-Alain Léger / Paul Smaïl...

Elle ne doit surtout pas être reconnue, sinon elle sera exclue du "noble chemin." Ce n'est pas pour le peu de droits d'auteur qu'elle y gagne mais y'a des avantages, comme l'accès aux bourses, résidences, voyages, bons repas, articles...

Pour la première fois, avec « Le prix Goncourt 2013 est attribué à... », elle s'est sentie totalement libre dans l'écriture. L'éditeur ne fait pas la littérature comme le déclara inopinément Aurélie Filippetti mais l'éditeur fige la littérature. Qui exigea des coupes chez Proust ou Céline ?

Fanny Werte est hébergée à titre gratuit par le créateur du portail auto-edition.com ; la liberté exige des complicités, sacré pays quadrillé !

Site officiel : http://www.ecrivaine.com

Mentions légales

Chez le même éditeur, les livres essentiels :
http://www.livrepapier.com
http://www.livrepixels.com

Dépôt légal à la publication au format ebook (EAN **9782365414166) du** 24 septembre 2013.

Imprimé par CreateSpace, An Amazon.com Company pour le compte de livrepapier.com

ISBN 978-2-36541-419-7
EAN 9782365414197

Le prix Goncourt 2013 est attribué à... de Fanny Werte
© Jean-Luc PETIT - BP 17 - 46800 Montcuq - France
24 septembre 2013